石投げ踊り考

motegi masahiro

ZUISOUSHA

石投げ踊り考

茂木真弘

はじめに

毎年八月、日光市の古河電工㈱構内において繰り広げられる「日光和楽踊り」は、多くの参加者を集め盛大な催しとなっている。これは大正二年に天皇陛下が産業奨励のため行幸されたのを記念して、翌年から始められたといわれている。

「日光和楽踊り」には、「笠踊り」「手踊り」「石投げ踊り」の三種類の踊りがある。「笠踊り」は農作業で被っていた笠を用いた踊りとされ、「手踊り」は手を振ったり上げたりしながら踊る一般的な盆踊りのスタイルである。「石投げ踊り」については、隣の足尾町から伝えられた踊りで、鉱山の選鉱作業で不要な石を投げ捨てる動作を表しているとされている。

だが足尾と日光とでは踊り方に違いが見られる。足尾の「石投げ踊り」の変遷と、日光の踊りの特徴について焦点を当ててみる。関東の盆踊りでは、他の地域でも「石投げ踊り」という同名の踊りに触れることがある。それは別に鉱山に関わる地域と限ったものではない。

どこか別の地域で生まれた踊りが、この地に入ってきたという経緯はないだろうか。そんな疑問がきっかけで、この踊りの調査を行っていくことになった。

取材を続ける中で「石投げ踊り」の源流は新潟県の中越地方にあることが見えてきた。地域によって「石投げ甚句」として踊られるものと、「おけさ」で踊られるものがある。新潟から上越国境を越えて群馬県北部に伝えられたこの踊りは、関東各地に広まっていくが、地域ごとに特色をもって変化しながら伝承されている。そして関東ではこれが盆踊りで踊られてきた。

盆踊りは風俗を乱すとの理由で禁止されたり、戦時下において途絶えたり、と時代の影響を受けた時期もある。そうした中で姿を消してしまった「石投げ踊り」もあれば、「八木節」として踊られるようになった「石投げ」が、盆踊りで用いられるようになった地域もある。中には双方が混じって踊られているものもある。

「石投げ踊り」は東京から南へ二八七km離れた八丈島にも伝えられていた。その経緯を見ていくと、伝承に関わった一人の人物の足跡が見えてくる。一方「石投げ甚句」は、遠く離れた宮城県や富山県にも伝えられていた。これにはどういった背景があり、どんな人の交流が関わっていたのだろうか。

盆踊りの場合、先祖の供養の意味で踊られる場合は右回り（時計回り）に踊りが進行し、豊作祈願のために行われるものは神事の関係で左回り（反時計回り）に進行する傾向がある。各地の踊り方にも目を向けていく。

著者は平成八年頃、足利市で「八木節」のチームに入っており、お囃子を担当していた。その頃、踊りの先生がよく言っていた話が耳に残っている。

「踊りは、指先と目の配りで決まりますよ」

この言葉がその後、色々な踊りを見る時のポイントとなっているように思える。

文中で踊りの所作を細かに書き記しているが、すでに伝承が途絶えてしまった地域があることも踏まえ、記録の意味で敢えて詳しく表しておくこととした。

本編は、平成十三年に随想舎から発行した拙著『石投げ踊り』の内容に、その後の調査、分析で分かってきた事柄を加え、新たな視点、考察の元に書き下ろしたものである。

令和六年六月

著　者

目次

第二章　関東地方の「石投げ踊り」

第三章　遠方へと伝わった「石投げ甚句」

第一章

新潟県中越地方の「石投げ」

一、神楽の演目として

新潟県中越地方の内陸部、十日町市、小千谷市、魚沼市などでは、古くから集落ごとに神楽が盛んに行われてきた。集落の人たちが自ら演じる里神楽で、獅子舞、天狗舞、おかめの舞などの演目が中心である。そしてそれらに交じって「おけさ」や「甚句」などの唄や踊りが、演目の中に登場してくるのが特徴といえる。

この地域では伝承される神楽の演目が少なかったことから、それを補うために土地の唄や踊りを取り入れて舞台を構成してきた。

集落ごとに神楽連があって、演技に工夫を凝らし他と競い合っていた。他の集落に気付かれないように密かに練習を重ね、祭礼の舞台でその成果を披露していたといわれる。

そうした神楽の演目の中に、石を投げる仕草の踊りが登場してくるのである。

二、豪雪地帯の暮らしの中で

この地域は、新潟県でも屈指の豪雪地帯である。生活にも事欠く大雪が長い冬の期間降り続く。

冬の間は、集落ごとに一軒の家に集まって暖を取りながら、藁《わら》を編んだり、篭《かご》を作ったりと作業を共にした。そうした中で唄がうたわれ、仕事の合間には踊りも踊られた。中には碌に仕事もせずに、唄や踊りにばかり熱心な人もいたという。

そして元旦や小正月、三月の節句の際には、集まって日ごろの唄や踊りを楽しんだ。十日町では、この集まりのことを「より」と呼ぶ。

こうした集団での活動の中には、神楽連もいたことから、神楽の演目が身近な存在であり、また唄や踊りも神楽の演目に自然な形で取り入れられていったことになる。

三、歌舞伎一座の興行

この地域では神楽の演目に、歌舞伎に纏《まつ》わるものが存在する。その一つに「石投げ甚句」といわれる演目がある。踊りの途中で、片膝を立てて腰を下ろし、石を拾って投げる仕草をする。

この独特な踊りの経緯はどういうものなのか、そして「石投げ」という言葉が出てきた背景には何があるのだろうか……。

十日町市教育委員会の郷土資料調査研究会が昭和四六年に発行した『妻有《つまり》の民俗芸能』の中に、同市、野口の「石投げ甚句」について、次のような記載が見られる。

明治二十年頃、金六芝居という歌舞伎の一座が旅興行に訪れたことがあったが、十一月というのに大雪に降り込められて、二十日も逗留することとなった。この時世話になった礼にと、一座は、いくつかの踊りを若連中に教えて村を去ったという。

（本文を引用）

この資料には、金六芝居の一座は長岡に本拠があって、妻有には頻繁に来演していたとも記されている。また野口の「石投げ甚句」は、唄に関しては「岩室甚句」を元にしていて、その背景には弥彦神社を詣でる際に、岩室に逗留したことが関係していると紹介されている。

歌舞伎には「見得《みえ》を切る」という場面がある。舞台の決めポーズとでもいえるだろうか。幾つか種類があるが、その一つに「石投げの見得」といわれるものがある。勧進帳の弁慶が演じることで知られているが、片膝を立てて腰を下ろし、手を振り上げて石を投げるような格好で見得を切る。(図1参照)

図1　歌舞伎「石投げの見得」所作イメージ

「石投げ甚句」は、これを踊りの所作に取り入れて演じたことから、そう呼ばれるようになったと考えられる。『川西町史』（通史編・下巻）を見ると、十日町市野口の他に、上野、先手といった地域でも「石投げ甚句」が演じられていたことが記載されている。

歌舞伎の影響を受けている例として、もう一つ紹介しておきたい。

十日町市新保は「新保広大寺節」の発祥で知られた所であるが、同保存会では「六方広大寺」という演目を伝承している。「六方」とは歌舞伎の舞台で、両手を天地と東西南北の六方向に動かす演技で、勧進帳では弁慶が花道を去る際の「飛び六方」が有名である。「六方広大寺」では、あちこち向きを変えながら両手を振って踊り、その途中で腰を下ろして石を投げる「石投げ」の所作も見受けられる。

四、小千谷市池津の「石投げ甚句」

小千谷は十日町の隣にあって、縮《ちぢみ》の生産で有名な所である。またそれに伴い様々な人の往来があり、文化の交流地点でもあった。小千谷市の北部、片貝町の一角に池津という地域がある。平成十二年七月の片貝芸能まつりで演じられる池津の「石投げ甚句」を取材に出向いた。

会場となる片貝小学校の体育館に、出演前の池津民謡保存会を訪ねると、日焼けした男たちが揃って化粧を施していた。ここの「石投げ甚句」では踊り手が化粧をして女物の着物を着て踊りを演じる。衣装を整え準備を終えると、並んで踊りの振りを練習し始めた。その動作を順に記載する。

小千谷市池津の「石投げ甚句」

①左右に手を振り、手を叩く動作を向きを変えながら行う。
②腰を下ろして、左足を前に出す。右手を後ろへ伸ばした後、肘を曲げて上へ立てる。その袂《たもと》に左手を添える。
③左膝を立て、両手で拳《こぶし》を握って床を叩き、左上へ勢いよく両手を振り上げて石を投げる仕草をする。（これを二回行う）
一回目は床を両手で一回叩き、二回目は床を両手で二回叩く。
④チョチョンがチョンと手を叩きながら一回りする。
⑤両手をクルリと捻り、次に両手で輪を描くようにして下におろす。
②③の動作に、歌舞伎「石投げの見得」に似た所作が感じられる。（写真1）

写真 1-1　小千谷市池津の「石投げ甚句」

写真 1-2　両手で勢いよく左上へ石を投げる

唄は「岩室甚句」に準じたもので、一番の歌詞は「岩室甚句」の文句がそのまま唄われている。

「石投げ甚句」（池津）

石瀬ナーヤエ　岩室　片町ゃ山だ
前の濁り川　スッポン亀の子　泥鰌がすむ

石はナーヤエ　流れる　木の葉が沈む
逆さナーヤエ　川とは　ホニこの事だ

ハァでっかい石ゃ　グンと投げ
小さい石ゃ　そっと投げ

囃子は大太鼓と付け太鼓で、「トトンがトン」という8ビートのリズムで演奏され、二拍目と五拍目にアクセントが付いている。踊りもそのアクセントに合わせた動きで、囃子言葉の「でっかい石やグンと投げ、小さい石やそっと投げ」という文句と、石を投げる動作とが上手くリンクしている。

池津民謡保存会が、小千谷ライオンズクラブの会報（№381）の中で、踊りについて次のように紹介している。

池津地区に手踊りが始まったのは……高梨町五辺の神楽人衆の一員が、池津に婿養子に来て、若い衆に教えたのが初めだと聞かされている。村の鎮守様の秋祭りに奉納演芸として受け継がれてきた。（高梨町は片貝町の隣に位置している）

小千谷市の社会教育課にご協力を頂き、池津以外で「石投げ甚句」を伝承している地区を教えて頂いた。その内容を記載する。

・坪野地区では、九月の熊野神祭礼で、坪野神楽社中によって演じられる。石を拾う際は拳を握って床を叩く。
・山谷地区では、八月の二荒神社祭礼に山谷公楽会がこれを演じる。
・時水地区では、子供たちが受け継いで、八月の毘沙門様の祭礼で演じている。
・真人町では、真人むじな囃子連中が伝承。（真人は、十日町野口の隣）石を拾う動作は、両手を開き手のひらで音を立てて床を叩く。

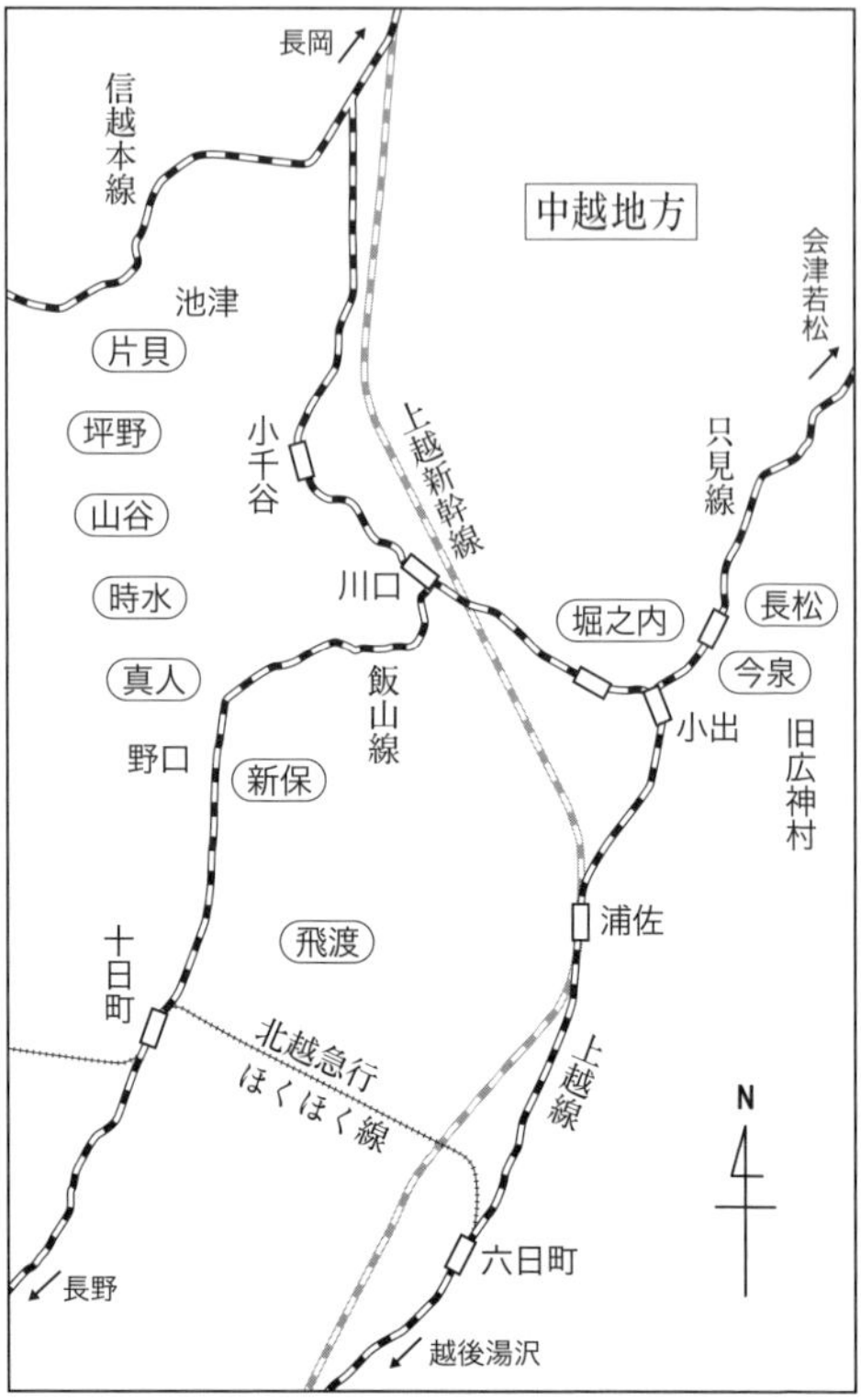

地図1　新潟県中越地方の石投げマップ

五、旧広神村の「石投げ甚句」

次に、旧北魚沼郡広神村（現在は魚沼市）に伝わる「石投げ甚句」を紹介する。
ここの「石投げ甚句」は、滝之又地区の神楽で演じられてきた。現在、この地域の芸能は、毎年三月に行われる芸能発表会で披露されており、その催しの中で長松地区と今泉地区の「石投げ甚句」が演じられている。唄は「長岡甚句」が元になっているとされる。

「石投げ甚句」（旧広神村）

ハアー　でんでられんの
でかいカカ持ちゃれ
二百十日の　アリャ　風よけだ

ハアー　お前さんと　左近の土手で
背中ぼんこにして　アリャ
田の草とりゃる

旧広神村へ向かうには、上越線の小出駅から只見線で一駅行った藪神駅で下車する。駅の近くに役場があって、公民館やコミュニティーセンターなどが隣接している。

平成十一年六月、教育委員会の瀬下さんを訪ねて話を伺った。瀬下さんは長松地区「石投げ甚句」の踊り手でもある。身振り手振りを加えて、踊りの仕草を詳しく教えて頂いた。

長松地区の「石投げ甚句」は、二人一組で向かい合いになって踊るのが特徴である。

一人が腰を下ろして石を投げる格好をすると、もう一人がそれを受け取る仕草をする。途中で投げる側と受ける側とが入れ替わり、同じ所作を演じ分ける。

（写真2）

写真2-1　旧広神村 長松の「石投げ甚句」

写真2-2　投げる側と受ける側が入れ替わる

石を拾う動作は、左膝を立てて腰を下ろし、拳は握らず手は開いたままで床にそっと当てている。

石を投げる際は、小千谷市池津と同様、両手で左へ二回投げる。受け取る側は、立ったままの姿勢で両手を前に掲げ、石を受け取る動作をする。


同じ旧広神村でも今泉地区で踊られる「石投げ甚句」は長松と異なり、立った人が石を投げ、腰を下ろした人がそれを受け取るという踊り方をしている。地区によって趣向を凝らした舞台演出が考案されるうちに、こうした形が派生したのかと思われる。

長松の踊りも今泉の踊りも、元は滝之又神楽に基づいているといわれる。滝之又神楽は古くからの記録はあるものの、現在「石投げ甚句」の伝承は行われていない。

写真３　旧広神村で

平成十二年三月、芸能発表会が行われるコミュニティーセンターを再度訪ねた。

魚沼産コシヒカリで有名なこの地域も、冬は人の背丈を超える雪に覆われて、除雪した道以外はとても歩けない。周囲の白い世界を抜けて、暖かな会場へと入る。

コミュニティーセンターのホールには、大勢の観客が集まっていた。出演する演者たちは、準備に忙しそうである。この発表会で、「おけさ」や「広大寺」などと共に、長松、今泉の「石投げ甚句」が演じられる。

長松と今泉の「石投げ甚句」では、太鼓

と三味線で囃子が演奏され、「トーンとトントントン（とトントン）」という8ビートのリズムで、一拍目と五拍目にアクセントが付いている。

どこの地区でも後継者の問題から、小、中学校の生徒に郷土の芸能を伝えていこうとする動きが増えている。ここの舞台でもベテランに交じって子供たちも演技に参加していた。会場の入口で他のチームの舞台を見ていた男の子が、自分の出番が近づくと、大きな声で「ヨシ！」と気合いをかけて楽屋に入っていった姿が印象的であった。

六、十日町市飛渡《とびたり》の「あわせおけさ」と「石投げおけさ」

十日町市飛渡地区には、神水《しんずい》神楽が伝承され、「あわさおけさ」と「石投げおけさ」という演目が演じられてきた。飛渡地区は、十日町の市街から大分山深く入った所にあり、飛渡川を見下ろす高台に、飛渡第一小学校が建っている。すでに神楽の伝承が難しくなってきている昨今、この小学校で行われる秋の文化祭において、民謡愛好会による唄と踊りが披露されていた。

平成十一年十月、飛渡地区の文化祭を訪ねた時の内容を紹介する。

「あわせおけさ」

飛渡の「あわせおけさ」は、二人一組になって踊られるが、唄は「甚句」ではなく「おけさ」によって踊られる。

石を投げる側の人が腰を下ろし、右手で三回石を投げる仕草を行う。まず一回目は右下から右上へ、そして二回目と三回目は、左下から右上へと石を投げる。

唄は「おけさ」といっても所謂「佐渡おけさ」とは異なり、「ハイヤ節」の影響を留める越後中越地方の「おけさ」である。

ハアー　アーアイヨ
おけさ踊るなら　板の間で踊れよ
板の響きで　コーリャ　三味ゃいらぬ

ハアー　アーアイヨ
おけさ見るとて　葦で目を突いたヨ
葦は生葦　コーリャ　目に毒だ

あらし畑のサヤ豆はひとサヤ走れば皆走る
わたしゃお前さんにコーリャついて走る

「石投げおけさ」

飛渡地区には、もう一つ「石投げおけさ」という演目が伝承されている。これは組になって踊る形ではなく、みな前を向き、腰を下ろさず立ったままで石を投げる仕草をする。その所作を順に示す。

「石投げおけさ」の所作

①両手を八の字に開き、チョンと手を叩く動作を、向きを変え三回繰り返す。
②両手を右左右と素早く振った後で、右上へ両手を伸ばす。
③ゆっくりと両手を右左右に振る。
④「石投げ」（二回）身体の前で両手を絡《から》げて石を拾い、それを右手で右上へ投げ上げる。

⑤肘を曲げて右腕を立て、次に左腕を立てる動作を行う。
⑥チョチョンがチョンと手を叩く。
⑦右左右と手を振って一回りする。

「あわせおけさ」も「石投げおけさ」も、「トトンがトン」と8ビートのリズムで囃子が演奏され、二拍目と五拍目にアクセントが付いている。

文化祭の会場では、民謡愛好会の人たちの演技が終わると、見学者も全員参加して、舞台の下に踊りの輪を作り、「石投げおけさ」を踊って最後を盛り上げる。始めのうちは民謡愛好会の人たちの他には、踊りの輪に入る人は少なかったが、少しずつ参加者が増えてくると、それを見た人がまた輪に加わっていくという連鎖により、暫くすると会場は大きな踊りの輪と化していった。

写真４　十日町市　飛渡の「石投げおけさ」石を拾う所作

こうして地域の人たちが大人も子供も一緒になって、伝統の芸能を守り継いでいる。

会場となる小学校の廊下には、習字や絵画の展示に加え、授業で製作した草鞋《わらじ》なども並べられて、地域の生活文化を伝えていく活動が窺えた。

七、「はねおけさ」

飛渡の文化祭で、最後に「石投げおけさ」を全員で踊るという話を紹介したが、新潟県中越地方には、こうして最後を盛り上げる演目として「はねおけさ」が、広い地域で伝承されている。

飛渡の「石投げおけさ」も「はねおけさ」の一つとみることができる。


「はねおけさ」は神楽の演目で最後を飾る出し物となっていて、宴がハネる、という意味からそう呼ばれるようになったとされる。

この習慣は九州、奄美地方の「六調」や、「ハイヤ節」にも共通し、宴の最後を盛り上げるように調子のよい踊りが演じられるものである。

写真５-１　「新保おけさ」石を拾う所作

写真５-２　右手で石を投げ、その袂を左手で押さえる

旧広神村の「はねおけさ」では、途中から唄も踊りもテンポアップして賑やかに最後を盛り上げている。

そして「はねおけさ」には、飛渡の「石投げおけさ」と同じように、立ったままで石を拾って投げる動作が付いているものが多い。

地域によって細かな所作の違いがあり、石を拾う場面では、飛渡の「石投げおけさ」、「堀之内はねおけさ」、「新保おけさ」では両手を絡げるような動作をしている。また旧広神村では右手を下に向けて手のひらを揺らす動作をする。

石を投げる方向としては、何処も右上だが、投げる回数が、飛渡、旧広神村、堀之内では二回投げており、新保では一回投げている。

さらに旧広神村の「はねおけさ」や十日町市の「新保おけさ」では、石を投げる側の袂を他方の手で押さえる仕草をしている。

新潟県中越地方の「おけさ」には、「石投げ」と共に「四つ足」と呼ばれる踊りの所作が付いていることが多い。手を右へ左へ振って、四歩進む踊りである。これも「六調」や「ハイヤ節」の手の振りに似た動作である。そして「はねおけさ」では「ハイヤ節」と同様、「トンコ　トンコ」という4ビートのリズムで囃子が演奏される。

平成十一年十月、旧北魚沼郡堀之内（現在は魚沼市）に「堀之内はねおけさ」の保存会を訪ね、練習中の唄と踊りを見学させて頂いた。その踊り方を順に示す。

「堀之内はねおけさ」の踊り

①両手を右へ振り上げ、身体の前で手を叩く。次に、両手を左に振り上げ手を叩く。もう一度、右へ振り上げ手を叩く。

写真６-１　「堀之内はねおけさ」　石を拾う際に手を絡げる動作を

写真６-２　石を投げる動作（右手を捻る）

②チョチョンがチョンと、右下で二回、左上で一回手を叩く。
③石投げ（左下から右上へ二回投げる）石を拾う際は体の前で両手を絡げ、投げる瞬間には右手首を左回りに素早く捻る。
④右手を前へ、左手は肘を曲げて上にあげる。次に左手を前へ、右手は肘を曲げて上にあげる。もう一度、右手を前へ、左手は肘を曲げて上に上げる。
⑤右左右左と両手を振りながら一回り。

「堀之内はねおけさ」

ハアー　ヨシタ　ヨシタ　ヨシタな
おけさ（ヨシタな）
おけさ　おけさと数々あれどヨ
昔ながらの　ソーレ　はねおけさ

八、新潟県の「石投げ」のまとめ

この章で取り上げてきた「石投げ」の踊りを、次のように三つに分類してみた。

（1）「石投げ甚句」で踊られ、腰を下ろし両手で石を投げるタイプ。
以降、これを「**甚句型**」という。

（2）二人一組で踊るタイプ。
「甚句」で踊るものと「おけさ」で踊るものとがある。
ここでは「**組踊り**」として扱う。

（3）「おけさ」で踊るもので、立ったまま片手で石を投げるタイプ。
以降、これを「**おけさ型**」という。

先に記載したように「石投げ」の踊りは、歌舞伎の所作「石投げの見得」を模して「石投げ甚句」が作られ、神楽の演目として演じられたと考えられる。これが組踊りで踊られるようになると、立った方の人が石を投げるという形が派生してくる。

そして立ったままで石を投げる踊り、即ち「おけさ型」の「石投げ」が、宴の最後を盛り上げる「はねおけさ」の中で踊られるようになったと捉えている。

新潟県では広い地域で「おけさ」の伝承が見られるが、「石投げ」の所作が入るものは中越地方でも内陸側（小千谷市、十日町市、魚沼市）で、海側の地域には見られない。言い換えれば「はねおけさ」が伝承される地域と言えるだろうか。そして神楽の演目として演じられてきた地域とも言えるかも知れない。

囃子には太鼓や三味線を用いている地域が多く、「甚句型」および「組踊り」

では8ビートのリズムで演奏され、踊りもそのアクセントに合わせて踊られる。「おけさ型」は4ビートのリズムで、一拍目にアクセントが付く。（但し、飛渡では「石投げおけさ」も組踊りと同じく8ビートで演奏されている）

踊り方が地域によって異なる部分があるのは、集落ごとに趣向を凝らして神楽の演出を競い合ってきたという背景も加わっている。

本編では各地域の踊りを、唄の文句を添えて紹介している。これは「石投げ」の踊りが、唄に伴って伝わったものか、唄とは関連なく伝わっているかを掴もうとしたためである。

結果として「石投げ」の踊りは、必ずしも唄と一緒の動きをしているとは限らないようである。唄には唄の変遷があり、踊りは別の展開を見せていたことが窺える。

参考に、旧広神村では「広大寺」の踊りにおいても、右手を上げて手首を捻り、前方へ石を投げるような動きが見られ、「石投げ」の所作が多様化している様子も感じられる。

第二章

関東地方の「石投げ踊り」

一、上越の峠を越えて関東へ

「石投げ」の踊りは、上越国境を越えて関東地方へも伝えられた。中越地方では早期に田植えを終え、他の土地に手伝いに行く人たちがいた。稲刈りが済むと関東の造り酒屋へ杜氏として働きに出る人もいた。また養蚕や糸引きの手伝いをする人たちもいた。長い間続けられてきた習慣である。

関東へ入るには三国峠を越えるルートが主流であったが、北魚沼郡の人たちは険しい清水峠も利用したという。

また門付け芸人が関東各地に伝えたとされる「口説節《くどき》」も、上越国境を越えた芸能である。長編の物語が綴られる「口説節」は、関東では盆踊り唄として広まっていった。

樽を叩きながら音頭の調子を取る形態も、新潟県から入ってきたものとされる。

「石投げ」の踊りも、そうした流れの中で関東へと伝えられた。

関東では「石投げ」が盆踊りで踊られるようになった為、腰を下ろして踊る「甚句型」よりも、立ったままで踊る「おけさ型」の方が相応しかったのではないかと推測される。

古い関東の盆踊りでは、「石投げ」と共に「四つ足」と呼ばれる所作が合わせて踊られているケースが多い。左右に手を振りながら四歩前に進むものだが、中には二歩で終わるものや、三歩進むもの、六歩、七歩と進むものなど類似形も見られる。

それからチョチョンがチョンと手を叩く動作や、八の字を描くように両手を下におろす動作などが組み合わされて踊りが構成されているケースが多い。

二、群馬県旧富士見村の「石投げ踊り」

群馬県旧勢多郡富士見村小暮（現在は前橋市）に、唄の好きな樺沢芳勝という音頭取りがいて「石投げ音頭」を唄い人気を博していた。ここの盆踊りはそれまで「石投げ踊り」といわれていたが、同氏が「石投げ音頭」と言って唄ったため、そのようになったといわれる。古くは唄も「石投げ踊り」として扱っている記録も見られる。

唄の文句は七七の言葉を繰り返して、口説調で唄っている。

旧富士見村の「石投げ音頭」と「石投げ踊り」による盆踊りは、近隣からも多くの人が集まり評判となった。こうした人気から、栃木、埼玉、茨城へと広域に伝えられていくようになる。

「石投げ音頭」（旧富士見村）

サーエー
ここに過ぎにし　その物語
国は中国　その名も高い
武家の家老に　一人のせがれ
白井権八直則こそは
犬のけんかが遺恨となりて

旧富士見村の盆踊りに関する事項は、酒井正保著『上州の民謡とわらべうた』（煥乎堂発行）及び上毛新聞「上州の民謡を訪ねて」（平成七年）の同氏の解説を元にしている。

同書の中で、この踊りは新潟では「石投げ甚句」といっていると記載してあるが、上毛新聞に載る古老が踊る写真を見ると、これは「おけさ型」の所作であることが確認できる。

当時の様子は資料でしか残されていないが、群馬県旧多野郡万場町（現在は神流町）においても古くからこの踊りが盛んであったことが上毛新聞社発行の『群馬郷土民謡集』に書かれている。

ところで「石投げ踊り」という言い方だが、これは新潟県から関東に伝えられた以降に、そう呼ばれるようになったものと思われる。

というのも以前、新潟県立図書館で、中越地方の「石投げ踊り」についてと調査を依頼したところ、「該当する資料はありませんでした」との回答であった。

前章で「石投げ甚句」や「石投げおけさ」といった神楽の演目を色々取り上げたが、確かに新潟県においては「石投げ踊り」という言い方、演目には出会っていない。


「石投げ」の踊りは、旧富士見村の他にも伝来していたであろうが、群馬県北部の市町村誌を見ても、「石を投げる仕草の踊り」とか「石投げ」といった記載はあるが、「石投げ踊り」という言葉はあまり見かけない。

つまりこれは旧富士見村の盆踊りから使われだした言葉であったのかも知れない。

三、群馬県旧万場町の「石投げ踊り」

群馬県旧多野郡万場町、ここは埼玉県との県境にあり、神流川に沿った山間の地域である。かつては農作の他に養蚕や紙漉きなどが盛んだったこの町の盆踊りにも、近郷から大勢が集まったといわれる。

音頭は「横樽三段落し」と呼ばれ、七七の文句を三節唄うとお囃子が入る唄い方である。横樽を叩いて調子を取る「横樽音頭」は、明治末頃に旧日野村（現在は藤岡市）から伝えられたと『万場町誌』に記されている。

平成十年十一月、万場中学校の体育館で催された産業文化祭において披露された「横樽三段落し」を取材した。

写真７　旧万場町の「横樽三段落し」

写真８　神流川の流れ

「横樽三段落し」

ハーアエ　ここに新版　山中口説

国は上州　甘楽《かんら》の郡《こおり》

神流川をば　恋路にたとえ

（お囃子）

ハーアエ　水は源　浜平より

色の白井に　わしゃほれこんで

関所やぶって　砥根《とね》平まで

舞台を終えた同保存会の音頭取り町田源治氏に話を伺うと、「石投げ踊り」は今はあまり踊らなくなってしまったとのこと。町田さんの計らいで、会場にいる何人かに声をかけ集まって貰い、体育館の裏手で「石投げ踊り」を踊って頂くことになった。

地図2　関東地方の「石投げマップ」

しかし音頭取りが唄い出しても、なかなか踊りが始まらない。少しずつ手を動かし出したが動きはバラバラだった。

「こうじゃなかったかい」

「あれえ、そうだっけ」

と話をしながら手足を動かしているうちに、段々と昔を思い出し、十分ほどすると何とか踊りが揃ってきた。その踊り方を

写真 9-1　旧万場町の「石投げ踊り」右へ２回投げる（練習風景）

写真 9-2　引き返しの所作

記載する。

万場の「石投げ踊り」

最初に、チョンチョンと二回手を叩く。

①「石投げ」（二回）右手で左下から石を拾い、右上に投げる。

右手の袂に左手を添える仕草をする。

②「四つ足」右左右左と交互に手を振り、四歩進む。

③「引き返し」右手を上にかざし、左手は後ろに下げて、左足を一歩後退する。次に左手を上に、右手を後ろに下げて、右足を一歩後退。

※輪踊り、左回り

「石投げ」の動作は、右手で左下から石を拾い、右上に投げているので「お

け さ型」の踊り方である。

『万場町誌』には、「石投げ踊り」は畑の石を拾っては投げる仕草を模したものと解説されている。

他でもそう理解されて踊られている地域は多く、日常の生活に溶け込んだ踊りとして、自然な解釈であると思われる。

四、高崎市新保田中町の「石投げ踊り」

高崎市の北部にある新保田中町の盆踊りでも「石投げ踊り」が踊られていた。平成九年の高崎伝統芸能まつりで保存会の方々が演じた踊りの様子を、次の通り順に示す。

新保田中町の「石投げ踊り」

①右左と交互に手を振り七歩前へ進む。

②チョチョンがチョンと、左から右へ両手を移動しながら手を叩く。（二回）

③「石投げ」（一回）右手で左下から石を拾い、それを一度右上に構えてから、左上へと投げる。

※輪踊り、左回り

（新保田中町盆踊り保存会ビデオより）

新潟県の「おけさ型」の踊りは、左下から石

写真10　高崎市新保田中町の「石投げ踊り」
左下で石を拾い、右で構えて左へ投げる
（新保田中町　盆踊り保存会ビデオより）

を拾うと右上へ投げる動作だが、新保田中町では左へ投げている。石を拾った後に、一度、右の肩先でそれを構える動作が加わっているので、次に投げる動作の部分では、向きが左になってくるのかと思われる。

ここの盆踊りでは、音頭が二節唄うとお囃子が入る「二段落し」という唄い方である。現在は盆踊り保存会によって伝承されている。

新保田中町の盆踊り唄

草津よいとこ　一度はおいで
草津よいとこ　一度はおいで
（お囃子）
お湯の中にも　コリャ　花が咲く
お湯の中にも　コリャ　花が咲く

新保田中町の南東に位置する佐波郡玉村町には「横樽音頭」の伝承があり、この盆踊りでも「石投げ踊り」が踊られていると、酒井正保氏が上毛新聞（平成七年）に取り上げている。しかし著者が玉村町を訪ねた平成十年の時点では既に「石投げ踊り」は踊られておらず、「四つ足」などで構成される手踊りとなっていた。

五、埼玉県深谷市境の「石投げ踊り」

深谷市境地区の盆踊りで踊られる「石投げ踊り」について、その所作を順に記載する。

「石投げ踊り」（深谷市境）

①両手を右へ振り上げ、次に左手を上に伸ばす。（二歩進む）

②チョチョンがチョンで手を叩く。（一回）

③「石投げ」右手で左下から石を拾い、右肩へ構えて、両手で左上へ二回投げる動作をする。

※輪踊り、左回り

（境石投げ踊り保存会ビデオより）

新保田中町と同様、左下で石を拾うと、一度右に構えてから左へ投げる動作をするが、境では両手で左へ二回投げている点が異なる。

また踊りの前半部分で、両手を右に振り上げる動作などの特徴も見られる。

写真11　深谷市境の「石投げ踊り」左へ２回投げる（同保存会ビデオより）

境の「石投げ踊り」は、昭和三三年に深谷市の無形文化財に指定されている。同教育委員会の資料『畠山重忠辞典』によれば、当地に出生の伝えがある畠山重忠が、二俣川の戦いで敵に石を投げつけた様子を踊りで表しており、歌舞伎の「石投げの見得」を取り入れていると解説されている。

さらにこの踊りには、畠山氏の戦いの様子を、矢尽き、刀折れ、といった形で織り込んでいるとのことで、独自の所作で構成された踊りのようである。

深谷市境の盆踊り唄

おらがヤーイ境は　蚕の本場
絹のヤーイ着物で　アレサ石投げ踊り
娘ヤーイ島田に　蝶々がとまる
とまるヤーイはずだよ　アレサ花じゃもの

六、「八木節」で踊られる「石投げ」

「八木節」の発祥地は栃木県足利市。例幣使街道の宿場であった八木宿にちなんで「八木節」と命名された。馬車引きをしていた堀込源太（渡辺源太郎）が長編の段物を唄って人気を博し、踊りも加えた興行芸として演じられるようになった。

「八木節」で演じられる踊りには「扇子踊り」「手拭い踊り」「笠踊り」「唐傘踊り」など舞台映えのする踊りが多い。

そしてこれらに混じって「手踊り」も演じられる。「手踊り」の構成は様々だが、「石投げ」「四つ足」「引き返し」などを組み合わせたものを良く見かける。

足利市では毎年、八木節教室を開催して、唄、囃子、踊りの指導を行っており、その中で盆踊りの流れを組む「手踊り」の伝承にも努めている。

「八木節」では、全体を「手踊り」として扱っており、「石投げ」の所作が入った踊りであっても「石投げ踊り」とは言っていない。

写真 12 - 1 「八木節」 石を拾う所作

写真 12 - 2 「八木節」右と左に、 石を投げる（前の方へ投げる）

つまり「石投げ」は「手踊り」の構成要素の一つとして存在している。
「手踊り」の組み合わせ例として、

①「四つ足」右左右左と手を振って四歩進む。
②「石投げ」右手で左下から石を拾い右前方へ投げる。この時、右の袂に左手を添える。次に、左手で右下から石を拾い左前方へと投げる。左の袂に右手を添える。
③「引き返し」左手を上へかざし、右手を後ろへ下げて、右足を一歩後退する。次に右手を上へかざし、左手を後ろに下げ、左足を一歩後退する。
※輪踊り、左回り

この他に、両手で毬《まり》を転がすような仕草をする「鞠こね」という所作や、「剣くずし」といって左手を斜め上に右手を斜め下に伸ばす所作、それに両手を左へ二回波打つように伸ばす所作などがある。

「八木節」で踊られる「石投げ」

「八木節」で踊られる「石投げ」は、基本的に「おけさ型」であるが、ほかと違った特徴がある。

㋑石を投げる動作は、右手で投げた後、次いで左手でも投げる。
㋺石を投げる方向が、横ではなく、やや前方へ向かって投げる。
㋩古い映像を見ると、踊る姿勢が少し前かがみで、肩を揺らすような格好で踊っている。

「おけさ型」の「石投げ」は新潟県中越地方でも、右と左に石を投げる踊り方は見かけないので、これは「八木節」が興行で演じられるようになって、舞台映えを考え変化した形ではないかと思われる。

次に㋺と㋩の特徴に関しては、この地域に古くからある「宮比講神楽」の影響が考えられる。「宮比講神楽」は、足利では南大町において伝承されており、ほかに佐野、桐生にも伝承が見られる。

「八木節」のお囃子のリズムは、この「宮比講神楽」の「ニンバ」の演奏を元にしている。「ニンバ」はひょっとこ、おかめが登場する演目で演奏されるお囃子である。その滑稽な演技に相応しいテンポの囃子といえる。

「八木節」の古い映像を見ると、「ひょっとこ踊り」のように背中を丸くして「手踊り」が踊られている。そして「石投げ」の仕草では、石を摘まむような手

写真 13　足利　宮比講神楽　ひょっとこの舞

付きをして、やや前方へ投げる動作をしている。

「八木節」は当初、樽、笛、鉦の演奏だったが、後に鼓《つづみ》が入り、さらに「宮比講神楽」の大胴、付け太鼓、笛が加わって現在のスタイルになったといわれる。

そして足利では「宮比講神楽」の神楽衆が、「八木節」のお囃子を兼務していたこともあり、色々な部分で共通点が見られる。

「八木節」は大正初期に人気を博し、東京での公演やレコード吹き込み等により、広く知られるようになった。

堀込源太の興行によって「八木節」の踊りには道具を使うものが増えてくるが、「扇子踊り」や「手拭い踊り」の中にも、石を投げる動作が応用されているところを感じる。


現在、足利市では八木節連合会が、毎週日曜日の午後、観光八木節として「八木節」を披露している。

その公演会場である時、途中から古い「手踊り」が演じられると、隣の席で見ていたお婆さんが、突然涙を流して顔を覆い始めた。気になって話を聞くと、しばらく身体を悪くして外出も出来なかったが、どうにか歩けるようになったので「八木節」を見に来たという。娘時代に踊った「石投げ」の所作を見ていたら、涙が出てきてしまった、と胸の内を語ってくれた。

写真 14-1　八木節の音頭取り

写真 14-2　「扇子踊り」にも「石投げ」の所作が

「昔はあちこちの広場でこうして踊ったもんですよ。私は足利で生まれ育った人間だから、やっぱり八木節がいいですね」

舞台では、国定忠治の演目が続いていた。

ハアー
国は上州　佐波郡にて
音に聞こえし　国定村よ
親は代々　名主を務め
人に知られし　だいじんなれば
大事息子が　すなわち忠治
おさな頃から剣術　柔
蝶よ花よと　育てるうちに　（以下略）

七、栃木県足尾町の「石投げ踊り」

足尾銅山で知られる栃木県の足尾町では、「直利音頭」による盆踊りで「石投げ踊り」が踊られている。かつて銅山が隆盛を極めていた頃は、渡良瀬川沿いの道を「銅《あかがね》街道」といって、銅の出荷だけでなく、物資の搬送でも賑わっていた。群馬県に至る街道であったため、上州との往来により、足尾へも「石投げ踊り」が入ってきたと思われる。

「直利音頭」の直利とは、鉱脈のことを意味し、良質の鉱脈の発見を願った銅山の町ならではの唄といえる。唄の形態はアレサ型の盆踊り唄で、最後の文句を唄う前に「チョイトサ」の一言が加わっている。

足尾では「石投げ踊り」は鉱山の町らしく、選鉱作業において不要な石を取

写真 15　足尾銅山　精錬所跡

り除く動作を表した踊りとされている。それは鉱山で栄えた町の文化として、この土地に合った踊りの持ち味になっていると言える。

現在、足尾の盆踊りで踊られているのは、「正調盆踊り」と言って、古くからの「石投げ踊り」の要素を取り入れながらも、後に踊り方を再構成したものとなる。

この「正調盆踊り」の動作を順に記載する。

写真 16-1　足尾町の盆踊り　石を拾う所作

写真 16-2　足尾町の盆踊り　石を投げる所作

直利音頭の「正調盆踊り」

①チョチョンがチョンと、左から右へ手を叩き、お囃子とタイミングを合わせる。

②「石投げ」（一回）右手で左下から石を拾い、右上へ投げる。この時、右の袂に左手を添える。

③両手を左へ左へと、波打つように二回伸ばす。

④「引き返し」左手を上にかざし、右手は後ろに下げる。

⑤次に右手をかざし、左手は後ろに下げる。

※輪踊り、右回り

だいぶ前の話であるが、著者が平成四年に、赤倉広場で行われた盆踊りに出向いた際には、後半部分④⑤が今と違った踊り方をしていた。
「石投げ」の所作に続いて、左に二回手を伸ばすと、その後は次のように踊っていた。

（4）左手は肘を曲げて上へ、右手は右へ伸ばす。
（5）両手を身体の横に下げて、お辞儀をするように軽く俯く姿勢。

この違いはどんな経緯なのか調べてみた。すると、足尾町の教育委員会が昭和五三年に発行した『足尾のうた』の解説の中に、足尾体育協会のレクリエーション部が、「直利音頭の正しい踊り方」というのを表しており、その中に（4）（5）と同様の踊り方が示されていた。

赤倉で見た踊りは、これに基づいて踊られていたものと分かった。赤倉広場での盆踊りは平成八年を最後に終了し、その後は足尾全地区の盆踊りを一ヶ所に集めて、足尾小学校の校庭で行うようになった。

そしてその後は、現在の「正調盆踊り」の形で踊られている。

足尾の盆踊りは、これ以前にも踊り方が見直されたり、統一したりという変遷を何度か経ている。その移り変わりを列記してみると、

一　群馬方面から伝わった「石投げ踊り」
二　「八木節」の影響を受けた踊り
三　「直利音頭」によって見直された踊り

こんな流れを経て来ているように思われる。

「八木節」から「直利音頭」へと置き換えられる際の話が、次の資料に残されていた。

まだ足尾鉱業所といわれた頃の社内報で、昭和三一年に「直利音頭」について書かれたものである。これは足尾銅山や足尾の唄を調査されていた故川田勉氏（元教諭）から頂いた資料で、中略をするが本文のまま引用する。

「畑中清さんに聞く、直利音頭由来記」

昔は八木節で踊っていました。（中略）足尾では有名だった芸者の当八という人から、われわれ舟石・本山の若い者が直利音頭を習いました。この直利音頭は石投げ踊りに手を加えてできたものだそうです。

（中略）この年の本山の盆踊りはこの直利音頭で行われ、翌年これが赤倉に進出しました。（中略）またわれわれは小滝からの懇請でこの踊りを小滝でも教えました。通洞へはわたくし達に習った人達が来て教えたわけですが、この人達は完全にこの踊りをおぼえなかったのでしょう。だから少し違った踊りを教え、これがそのまま踊られているのです。

（中略）各人がテンデンバラバラに踊っていたのでは踊りの美しさもありませんので、一昨年から北部の主婦の会の要望に応え、正統直利音頭を指導しました。

（畑中清氏は町会議員を務めた方だが、当時は本山動力勤務と記載されている）

足尾では地区による違いや、時代による変化もあって、色々な踊り方が存在していた。今でも、仮装踊りで扮装を凝らした踊り手が、余興に踊ったりする中に、昔の踊りが見られることもあると聞いたことがある。

現在の「石投げ」は、右へ一回投げるだけだが、以前は右と左へ一回ずつ投げる踊り方をしていたという。これは「八木節」で盆踊りが行われていた頃の踊り方であろう。

両手を波打つように左へ二回振り出す所作も、「八木節」の古い手踊りに見られるものである。

以前は石を拾う際に、8の字を描くように手のひらを返す動作をしていたという。これは「八木節」には見られない動作なので、新潟から群馬北部を経て伝えられた踊り方であったと思われる。

ところで足尾の盆踊りは、踊りの輪が右回り（時計回り）に進行する特徴がある。関東の「石投げ踊り」は、何処も左回りで踊られているが、足尾では逆の右回りに進行している。念仏踊りの影響か、供養や仏事に関わる背景なのか、何か理由があるのだろう。

最後に、平成五年八月、足尾小学校で行われた盆踊りに出向いた時のことを

写真17　足尾小学校での納涼祭

紹介して、この項を終わりにしたい。

会場となる校舎の玄関口に立って踊りを眺めている先生の姿が目に止まった。ふとしたきっかけから話を伺うと、

「いや、こうして眺めていると、久しぶりに会った卒業生同士が楽しそうに話しているのが見えるんです。友達に会えるのが楽しみで、ここへ集まってくるんですね。そして私の姿を見つけると、寄って来て色んな話をしてくれるんです。だから私も

つい、毎年ここへ来てしまうんですよ」
顔中に絵の具を塗った若者が二人、先生に挨拶をして仮装踊りに向かっていった。

直利音頭

花の渡瀬　青葉の小滝
月の眺めは　チョイトサ　備前楯
選鉱娘の　瞳の良さは
男ごころも　チョイトサ　選り分ける

現在、足尾の盆踊りは行政センター前の駐車場に場所を移して行われている。

八、「日光和楽踊り」の「石投げ踊り」

足尾の「石投げ踊り」は細尾峠を越えて日光へと伝えられた。足尾銅山の事業に関わる繋がりがあったものと思われる。

大正二年九月に、古河電工㈱（当時は日光電気精銅所）へ大正天皇が視察に来られたのを記念して、翌年から「日光和楽踊り」が始められたとされている。

当時は盆踊りが風紀上好ましくないということから「和楽踊り」という言い方に変え、色々ルールを設けた上で実施したといわれる。

唄は栃木県北部の盆踊り唄が元になっており、最後の文句の前に「アレサヨー」という言葉が入る「アレサ型」の盆踊り唄である。

踊りには「手踊り」「石投げ踊り」「笠踊り」の三つが定められた。当初は足尾から伝えられた「石投げ踊り」を踊る人が多かったようだが、最近は「手踊り」と「笠踊り」が中心となっているようである。
日光で踊られている「手踊り」と「石投げ踊り」の所作を順に記載してみた。

まず「手踊り」の踊り方

①八の字を描くように両手を下ろし、チョンと手を叩く。
②「四つ足」（但し、二歩だけ）左手を上に向け、右手は左袂に添える。
次に右手を上に、左手は右袂に添える。
③「引き返し」左手を上にかざし、右手を後ろへ下げる。
次に右手を上にかざし、左手を後ろへ下げる。

次に日光の「石投げ踊り」の踊り方

①「石投げ」　右手で右下から石を拾い、右の肩から後ろへ投げる。
左手は右袂に添える。
次に左手で左下から石を拾い、左の肩から後ろへ投げる。
右手は左袂に添える。
②「四つ足」（左右左右と手を振り四歩進むが、石を投げる手付きが加わる）右手を
左上に振り上げ、石を投げる手付きをする。左手は右の袂に添える。
次に左手を右上に振り上げ、石を投げる手付きをする。
右手は左の袂に添える。
③チョチョンとチョンで手を叩き、最後は八の字を描くように両手を下げる。
※輪踊り、左回り

日光の「石投げ踊り」は、足尾から伝えられたといわれるが、踊り方は足尾

①
右手を下げて
石を拾う仕草
②
右手で右の
肩越しに
後ろへ石を
投げる
（手のひらは
後ろ向き）
③
左手を下げて
石を拾う仕草
④
左手で左の
肩越しに
後ろへ石を
投げる
（手のひらは後ろ向き）
⑤
右手を左上へ
振り上げて
石を投げる仕草
⑥
左手を右上へ
振り上げて
石を投げる仕草
⑦
チョチョンが
チョンと手を叩き
八の字を
描くように
両手を下ろす
図２　日光和楽踊りの「石投げ踊り」

とは異なる。

主な特徴として、

㋑石を投げる方向が、足尾では横方向なのに対し、日光では肩越しに後ろへ投げる。（手のひらは後ろ向き）

㋺日光では右手で石を投げた後に、左手でも石を投げる。

㋩日光では「四つ足」の動作にも、石を投げる手付きの振りが付く。但し、手を振る方向に独自性あり。（図2の⑤⑥）

「日光和楽踊り」が始まったのが大正三年とされているので、その頃、足尾では堀込源太の来訪により、盆踊りでは「八木節」が注目されていた時期であった。従って当時は、足尾でも右と左に石を投げる形の踊りが行われていて、日光へはその踊り方が伝わったものと考えられる。

しかし「石投げ」の所作に関しては、拾った石を肩越しに後ろへ投げるといった動きや、「四つ足」でも石を投げる所作が付く点など、他に類を見ない踊り方なので、日光で独自に振付られたものと思われる。足尾から伝えられた踊りを元に、「和楽踊り」として新たに形付けられた経緯が感じられる。

そして日光においても、この踊りは足尾と同様に、鉱山の選鉱作業で不要な石を投げる動作を表しているとして親しまれている。

平成六年八月五日、古河電工（株）で開催された「和楽踊り」の模様を、最後に少々書き添えておく。

櫓《やぐら》に眩しい程の明かりが灯り、踊りの開始を告げるアナウンスが流れると、唄に合わせて大きな踊りの輪が動き始めた。職場ごとにプラカードを持った踊りの列が、和楽池の周りを次々と進んでいく。さすがに女性たちの列は振りも

写真 18　「日光和楽踊り」（古河電工（株）にて）

揃って見事である。男性たちも掛け声だけは勇ましく、踊りの輪に景気を付けていた。

「和楽踊り」は当初、「手踊り」「石投げ踊り」「笠踊り」の三つに限られていたというが、踊りの列を見ていると、両手を下方に突き出して踊る人たちや、足を前後左右に移動して「エンヤラヤのヤー」と掛け声をかけ合って踊るグループなども見受けられ、時代の流れが窺えた。

ふと見ると、揃いの浴衣で踊る列に、

やおら初老の男性が普段着のままで入っていった。少々酒に酔った様子である。それでも何とか踊りは様になっていた。

「和楽踊り」は、揃いの着衣で踊らないと摘まみ出されるという話を聞いたことがあるが、次第に踊りの輪は進み、やがて酔った男性の姿は見えなくなってしまった。

会場には和楽踊りの力強い歌声が続いていた。

ハアー日光名物　朱塗りの橋よ
下を流れる　アレサヨー大谷川

ハアー丹勢山から　精銅所見れば
銅《かね》積む電車が　アレサヨー出入りする

九、益子町山本地区の「石投げ踊り」

栃木県の益子町といえば良質の土で作られる益子焼が有名であるが、窯元が点在する町の中心部より五キロほど南へ行った山裾に、山本地区がある。そしてここにも「石投げ踊り」が伝承されていた。

山本地区では、昔あちこちの盆踊り大会に参加して商品を稼いできたという逸話があり、「石投げ踊り」は、その際に他所で覚えてきたものだといわれている。しばらく途絶えていた時期があったが、町の4Hクラブが創立四十周年を機に、伝承活動を活性化させた。

イチゴ農園を営む吉村想一氏（4Hクラブ会長）を訪ねて、話を伺った。

山本地区では「日光和楽踊り」の唄で「石投げ踊り」が踊られていた。踊りは、手が加えられて昔の踊り方と変わっているかも知れないとのことだったが、復活した踊りの所作を順に教えて頂いた。

山本地区の「石投げ踊り」

①チョチョンがチョョンと手を叩く。

②「石投げ」右手で、右下から石を拾い左へ投げる。
次に、左手で、左下から石を拾い右へ投げる。

③両手で、左から右へ綱を引く様な動作をする。
次に、右から左へ綱を引く様な動作をする。

ここの踊りの特徴は、石を投げる方向が、右手で石を拾うと右から左へと投げ、

写真 19-1　益子町山本の「石投げ踊り」　低い位置から石を拾う

写真 19-2　益子町山本の「石投げ踊り」　右手で左へ、左手で右へ投げる

左手では左から右へと投げている点である。しかも身体をかなり前に曲げて石を拾い、低い位置から石を投げる。

これは、川面すれすれに石を投げて水の上を何度も石が飛び跳ねていくのを競う「石切り」という遊びがあるが、まさにその格好で踊られている。

「石切り」の投げ方をすると、石を投げる方向が、自然とここで踊られている手の運びと同じ向きになってくる。


ここの踊りが元々何処の盆踊りで覚えて来たものか不明であるということだが、唄に「日光和楽踊り」が用いられていること等を踏まえると、その関連も考えられる。「日光和楽踊り」図2⑤⑥の手の向きに共通性あり。

だが他所の踊りには見られない所作もあることから、色々な要素が混じり合ってここ独自の踊りになったものと思われる。

現在4Hクラブのメンバーは、真岡の木綿踊りの催しに参加するなど活動を続けている。

十、茨城県桜川市岩瀬の「石投げ踊り」

茨城県西部の桜川市岩瀬地区でも「石投げ踊り」が伝承されている。良質の御影石の産地で知られるこの地区では、お盆の納涼大会に、「石投げ音頭」の唄に合わせて「石投げ踊り」が繰り広げられている。

群馬県の旧富士見村から伝わったと見られるこの唄と踊りが、共に伝承されているのは珍しい存在と言える。しかし、聞こえてくる音頭に耳を傾けると、唄はどうも「八木節」に似た感じであった。

群馬県の「石投げ音頭」は、出だしを「サーエー」と唄い始めているが、ここでは「八木節」と同様「ハアー」と唄い出している。

また「石投げ音頭」は四節か五節で一区切りする唄い方なのに対し、岩瀬では七節唄ってお囃子が入る「八木節」と同じ唄い方である。節回しも「八木節」と似た感じであった。

「石投げ音頭」として群馬からこの地に伝えられたものが、「八木節」の流行によって、その後変化したのではないかと考えられる。踊りも右と左に石を投げる「八木節」の踊り方をしている。

写真20　茨城県桜川市岩瀬の「石投げ踊り」（南飯田おはやし会ビデオより）

岩瀬の「石投げ踊り」を順に見ていく。

①「四つ足」（左右左右と手を振る）

②チョチョンがチョンと、左から右へ手を叩く。

③「石投げ」（右と左に一回ずつ）

右手で左から右へ投げる。

次に、左手で右から左へ投げる。

※輪踊り、左回り

岩瀬の「石投げ音頭」（締め文句）

ハアー

もっとこの先　読みたいけれど

見れば踊り子　疲れた様子
ちょっと一息　休憩いたす
お後先生と　交替いたし、
喉をうるおし　休んだあとで
またも出ました　三角野郎が
唄の文句は　数々ござる

（南飯田おはやし会ビデオより）

十一、八丈島へ伝わった「石投げ踊り」

令和元年年十一月、八丈島歴史民俗資料館の細谷昇司氏から、八丈島の「石投げ踊り」について連絡を頂いた。細谷氏は、著者が平成十三年に発行した『石投げ踊り』を読んで、八丈島にもこの踊りが伝承されていることを知らせてくれたのだった。

八丈島の「石投げ踊り」は、火山岩の多い土地柄、石塊を拾って背中の籠に投げ入れる動作をイメージしているという。


細谷氏によれば、八丈島三根地区には次のような話が伝えられていた。

八丈島の「石投げ踊り」は大正五、六年頃に、群馬県旧勢多郡東村沢入《そうり》（現在はみどり市）の旅芸人、小倉鶴二氏が島へ興行に来て、「八木節」と一緒に伝えたものだという。

小倉氏は旅芸人といっても、所謂セミプロとして活動していたらしく、その後も島を訪れ、三根地区に移り住むようになり、唄や踊りを島の人たちに教えていたという話である。

小倉氏が伝えたのは「石投げ踊り」の他に「しっちょいさ」という踊りがあって、いずれも唄は「八木節」が用いられている。歌詞は島にゆかりの文句が綴られていて、八丈太鼓の調子に乗せて唄い踊られる。

「しっちょいさ」というのは、はやし言葉からそう呼ばれるようになったもので、「八木節」の「笠踊り」と良く似た踊りである。

これらは三根地区の奥山熊雄氏によって、その後も継承され、現在も同地区の「加茂川会」が、田んぼまつりなど恒例の催しにおいて披露している。

写真21　八丈島三根の田んぼまつり「石投げ踊り」（加茂川会）

三根で唄われる「八木節」

ハアー
八丈島には　五箇村ござる
ついて上るが　三根の村よ
それに続いて　大賀郷村よ
坂を上りて　樫立村よ
中に挟まる　中郷村よ
末で良いのが　末吉村よ

「石投げ踊り」の所作を順に見ていく。

①「石投げ」　右手を前に下ろし、手のひらを揺らす動作をして石を拾う。

それを左の肩越しに、後ろへ石を投げる。
同様に、左手で石を拾い、右の肩越しに後ろへ投げる。
②両手を上に向け、次に八の字に手を開いて下ろす動作を繰り返しながら
その場で一回りする。
③両手を左上から右下へと引き下ろす。
④チョチョンがチョンと手を叩く。
※横に並んで踊る。（盆踊りで踊られていた頃は左回り）

細谷氏をはじめ「加茂川会」では、令和元年九月に足利市の「八木節会館」を訪ねて、本場の「八木節」に触れ親交を深めている。

八丈島の「石投げ踊り」は、「八木節」と一緒に島へ伝えられたということで、「八木節」の「手踊り」のような踊り方をするのかと思ったが、見るとどうも違

写真 22-1
右手で石を拾う
(手を2回揺らす)

写真 22-2
左の肩越しに
後ろへ投げる

写真 22-3
左手で石を拾い、
右の肩越しに
後ろへ投げる

写真 22-4
八の字に手を開く動作
をしながら一回り

(八丈島三根の「石投げ踊り」加茂川会ビデオより)

うようである。八丈島では、右手で石を拾うと左の肩越しに後ろへ投げ、左手の場合は右の肩越しに後ろへと投げる。

「八木節」の場合、右手で石を拾うと右前方へ投げ、左手では左前方へと投げており、異なる踊り方であった。

それと気になった点だが、「八木節」の発祥地足利では「石投げ」の所作が入った踊りであっても総じて「手踊り」と言っており、「石投げ踊り」という言い方はしていない。

そんな点からして、小倉氏が「八木節」と共に島へ伝えたという「石投げ踊り」だが、「八木節」の踊りとは別なものではないかと考えられる。

つまり小倉氏はこの踊りを、本場の「八木節」とは別に覚えたものではないだろうか。

踊り方を見ると、石を肩越しに後ろへ投げる点などは「日光和楽踊り」と似た部分がある。しかし手の運び方がちょっと日光とは異なるものだった。

小倉氏の故郷である沢入を訪ねてみた……。

群馬県みどり市沢入は、北に栃木県との県境があり足尾町と接している。かつて足尾銅山が隆盛を極めた頃は、銅街道で人や物資の往来に賑わいを見せていた所である。

小倉氏の住まいがあった場所を、地元の人から聞くことができた。銅街道を渡良瀬川寄りに下った所であるが、そこは昭和四十年代に始まっ

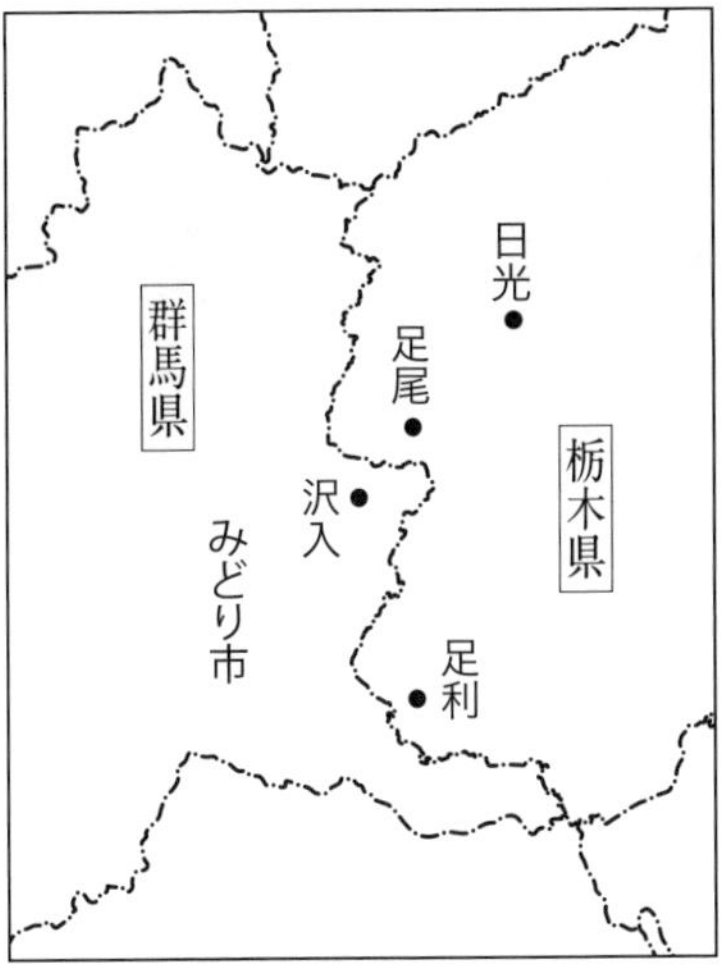

地図３　群馬県みどり市沢入周辺

た草木ダム建設に伴う土地開発によって、周辺の住居は一軒も無くなっていた。

写真 23　銅街道（群馬県みどり市沢入）

著者は以前に沢入で盆踊りの調査を行った際、地元の人から「石投げ踊り」というのは聞いたことが無いし、踊られてもいないと言われ、それ以上の調査を行っていなかった。

しかし三根の話を踏まえて、再度確認を進めてみることにした。

縁があって、みどり市の市役所で沢入に詳しい方と話をする機会があり、盆踊りについて教えて頂くことができた。

それによると、沢入では「八木節」で盆踊りが行われ、踊りには「石投げ」の所作が付いていることが分かった。踊りの輪は、左回り（反時計回り）に進行して踊られる。

石投げの動作を確認した。

沢入では右手で（右下から）石を拾うと、その手を左上に振り上げて石を投げる。「八木節」の踊りとは方向が逆であるが、八丈島三根とは同じ手の運びであった。

大正時代の沢入の盆踊りがどうであったか詳細は掴みきれないが、唄は「八木節」が用いられていて、踊りは沢入独自の「石投げ踊り」が踊られていたことが窺える。

つまり小倉氏が三根に伝えたとされる「石投げ踊り」は、同氏が故郷の沢入で覚え親しんでいたものであった可能性が見えてきた。

小倉氏が八丈島へ興行に出向いたのは、大正五、六年頃だといわれる。すでに人気を博していた「八木節」の堀込源太一行は、大正二年頃には足尾町や沢入の盆踊りにもやって来ていたという。

小倉氏が旅芸人として興行に出るに当たって、「八木節」を出し物としたのは、身近にそれを見て覚えていたからであろう。

八丈島に伝わる「しっちょいさ」という踊りが「八木節」の「笠踊り」と良く似ているのも、小倉氏が「八木節」と共に地元沢入で覚えた踊りであったものと思われる。

ちなみに「しっちょいさ」という掛け声は群馬県の他の地域でも用いられていて、「ひっちょいさ」とか「しっちょいね」という地域もある。

八丈島では三根の「石投げ踊り」が、後に隣の大賀郷地区にも伝えられている。

しかし大賀郷では、三根とは異なる踊り方をしていた。肩越しに後ろへ石を投げる点は一緒だが、右手で拾った石は右の肩へ、左手で拾った石は左肩へと移動して踊っている。

これは「日光和楽踊り」の「石投げ踊り」と同じ動きだった。また「四つ足」で石を投げる動作も日光と同じように踊られている。

これは大賀郷において変化したものか、或いは小倉氏が伝えた踊りが「日光和楽踊り」に似た形であったのか、興味深いところである。

それにしても大賀郷では、全体的に飛び跳ねるように踊っていて、三根や他の「石投げ踊り」とはだいぶ雰囲気が異なっているのが特筆される。

十二、関東の「石投げ」について考察

新潟県では神楽の演目として演じられてきた「石投げ」の踊りが、関東では盆踊りとして踊られるようになった。盆踊りでは、腰を下ろさず、立ったままで石を投げる「おけさ型」の踊りの方が相応しかったと思われる。

「おけさ型」の「石投げ」であっても、関東各地、色々と踊り方に違いが見られる。

主な特徴を動作ごとに比較して見てみる。

まず石を拾う動作だが、八丈島三根の踊りでは、下ろした手を揺らす動作をしている。これと少し似た形で、以前、足尾の盆踊りでは、手を下ろし8の字

を描くようにして石を拾う動作をしていた。

新潟県ではこれと同じような手の動きを、旧広神村の「はねおけさ」において確認している。下ろした手のひらを左右に振って捻る動作である。

石を拾う際の動作でもう一つ、新潟県十日町市飛渡の「石投げおけさ」、それに堀之内の「はねおけさ」では、両手を絡げるような仕草をして踊っている。

関東では「八木節」の古い「手踊り」の中で、「石投げ」の前に「鞠こね」という所作が入ることがある。これが前述の石を拾う際に手を絡げる仕草と似た動きに見えて、何か関連性があるかと推測を巡らせている。

次に石を投げる動作を比較してみた。

・右手で、右に一回投げる。（足尾町）
・右手で、右に二回投げる。（旧万場町）
・右手で、左に一回投げる。（高崎市新保田中町）
・右手で、左に二回投げる。（深谷市境）
・右手と左手で一回ずつ投げる。
（八木節、日光和楽踊りなど、但し投げる動作は地域によって異なる）

この部分に関して、新潟県中越地方においては、右手で右へ一回投げるものと、二回投げるものが見られた。

新潟県から国境を越えて「石投げ」の踊りが関東へ伝えられたのは一ヶ所とは限らず、複数の地域であったことが考えられるので、色々な所作が伝承されていても不思議ではない。

またその後絶えてしまったものもあれば、伝承過程で変わったり、細かな所作が省かれてしまった例があるかも知れない。それは盆踊りで踊られてきた背景からして、充分考えられることである。


ある盆踊り会場でこんな場面を目にした。石を投げる仕草で、右にまっすぐ腕を振り上げて踊るところを、一部の若い人たちは、肘が曲がって手が上を向く格好になっていた。

どうもその違いは視線の向け方に関係があるようだった。振り上げた手の方向に視線を向けている人は腕がきちんと伸びているのだが、視線を気にせず手だけを振り上げている人は、腕を伸ばしているつもりでも、肘が曲がって手が上を向く格好になってしまうようだ。

冒頭「はじめに」の部分で、踊りの先生から「踊りは指先と目の配りで決まりますよ」と聞いた話を紹介したが、正にそれが当てはまるような場面だった。

こうした例を一つ取っても、踊りの所作というのは、気付かぬうちに形が変わっていくこともあり得るものだと感じた。

さて、関東では「おけさ型」の「石投げ」が盆踊りで踊られてきた話を再三してきたが、意外にも関東においては「おけさ」の唄に合わせて「石投げ」が踊られている伝承例は見られない。

新潟から伝来した時点では、「おけさ」で踊られていた地域があったかも知れないが、「石投げ踊り」と呼ばれて盆踊りで踊られるようになると、「おけさ」とは離れた存在になっていった。

関東の盆踊り唄は、「口説節」など長編の段物や、甚句系の「豊年踊り」を元にしたものが多い。

盆踊りは夜遅くまで踊り続けたため、音頭取りがネタに困らないよう長編の物語を綴った唄が重宝とされた。

そして後に「八木節」や「日光和楽踊り」が流行してくると、それらの盆踊り唄が各所で用いられるようになるが、そうした中においても踊りの所作に「石投げ」が踊られているのは、それだけ個性があり存在感を持った踊りであったからだろう。

また足尾や日光のように、鉱石の選鉱作業を模した踊りと捉えて、土地の文化に相応しく、郷土感を持って親しまれているのも伝承が続いている背景であろう。

この章の終わりに、関東地方において盆踊り以外に「石投げ」が踊られている例を紹介しておきたい。

それは水郷で知られる千葉県香取市佐原で、七月と十月に行われる「佐原祭り」である。

小江戸と呼ばれる小野川沿いの町並みを、人形を乗せた山車が大勢の手で曳かれていく催しであるが、巡行中あるいは休憩所において様々な踊りが披露される。

その一つに「松かざり」という演目があって、そこで「おけさ型」の「石投げ」の所作が踊られている。右と左とに一回ずつ石を投げる踊り方で、投げる側の袂の部分を、他方の手で押さえる仕草も確認できる。

これは手古舞の流れを組む手踊りとして演じられており、山車の上からは「佐原囃子」が演奏されている。

写真24-1　佐原祭り　人形山車

写真 24-2　「松かざり」の踊りで「石投げ」の所作が

囃子の演目も時々入れ替わり、テンポの良い曲やゆったりとした調べなど変化をしながら演奏されているが、ふと耳にしたのは「八木節」の囃子であった。

流行り物を色々と取り入れているということなので、そうした多様性を考えると、「八木節」の流行によって、ここでも「石投げ」が踊られるようになったことが考えられる。右と左に石を投げる踊り方をしているのは、「八木節」の手踊りの特徴である。

第三章

遠方へと伝わった「石投げ甚句」

一、宮城県山元町の「石投げ甚句」

「石投げ甚句」の踊りは、宮城県亘理郡山元町にも伝えられていた。仙台から四十キロほど南に位置する山元町は、太平洋に面した漁業の盛んな所であった。そして漁師唄である「笠浜甚句」に合わせて「石投げ甚句」が踊られてきた。

近年は漁業に変わって、イチゴ栽培が有名になり、ストロベリーラインと言われるほどの収穫量を誇っていたが、平成二三年に起きた東日本大震災により、壊滅的な津波の被害を受けている。その犠牲となってしまった人たちや、長く避難所生活を強いられた人たちを思うと胸が痛いのだが、震災の前に著者が取材した内容を紹介させて頂く。

平成十一年三月、山元町教育委員会の岩佐係長と共に、同町浜砂の渡辺義正氏を訪ねた。

渡部氏は昭和五九年に宮城県が行った民謡調査において、「笠浜甚句」の伝承者として取材を受けている。

イチゴ栽培に勤しむ渡辺氏のお宅で、赤く熟した苺を頂きながら「笠浜甚句」にまつわる話を伺った。

以前は海がもっと内陸側に迫っていて、渡辺氏の家の近くまで船が出入りしていたらしい。仕事を終えて陸に上がった船乗りたちが酒を呑みながら「笠浜甚句」を唄い、「石投げ甚句」を踊ったのだという。

笠浜甚句

さぁさ唄えよ　笠浜甚句

いつも大漁の　コリャ　続くよに

朝の出船の　櫓櫂の音に

磯の千鳥も　コリャ　目をさます

渡辺氏に色々と話を伺った後で、「石投げ甚句」の踊りを演じて頂いた。

山元町の「石投げ甚句」の踊り

①身体の前で腕を交差させ、その後チョチョンがチョンと手を叩く。

②右腕を上に曲げて、左手で右の袂を押さえる。次に両手を右へ振り上げる。
次に左腕を上に曲げて、右手で左袂を押さえる。両手を左へ振り上げる。

③後ろ向きになって、両手を上げる。

④「石投げ」　左膝を立てて腰を下ろし、右手を握って拳を床に当てる。拳を開いて両手を左上に二回振り上げる。

写真25-1　石を拾う所作

写真25-2　石を投げる所作

宮城県山元町の「石投げ甚句」

踊り方は新潟県小千谷市の「石投げ甚句」とよく似ていた。左膝を立てて腰を下ろし、右手で拳を握って床に当てた後、両手を左上に振り上げて石を投げる仕草は、正に越後の踊りを見るようである。

それにしても新潟県の「石投げ甚句」が、どうして宮城県の太平洋側まで伝えられたのだろうか。

海沿いの町ということで、海路で運ばれたことを考えてみた。かつて、阿武隈川河口の亘理に廻米が集荷され、太平洋で江戸へ向かった時代がある。東廻り航路の商船が物資と共に様々な文化を移動させた歴史もある。

しかしこれは「石投げ甚句」とは時代が相違する気がする。それに海路であれば、他の港町にも伝わっていてもおかしくない話である。新潟県でも内陸側の地域である小千谷、十日町と、ここ山元町とを海路で結びつける要素は乏しいように思える。

次いで陸路で伝わった可能性を……と探っていた時のことである。同じ山元町

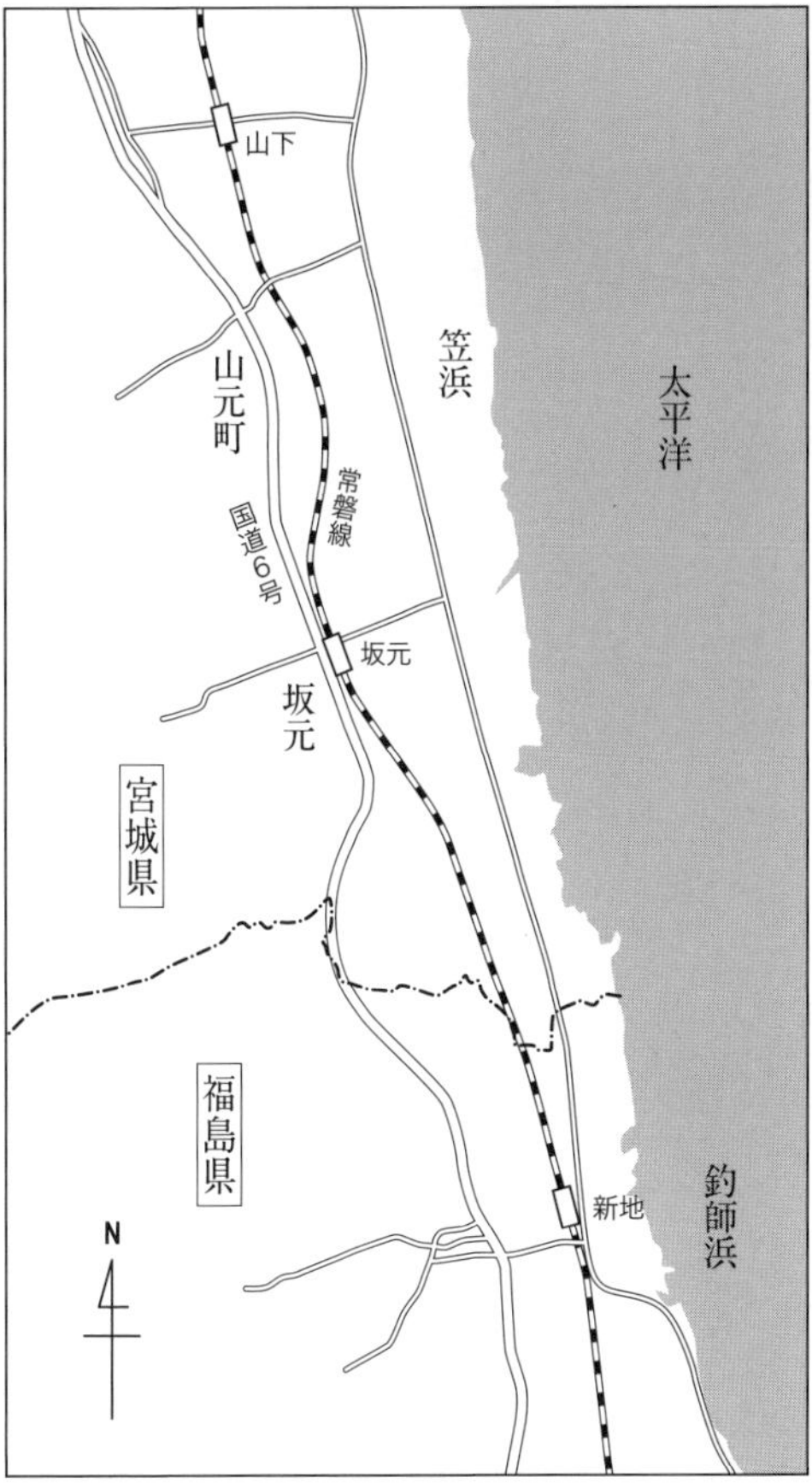

地図４　宮城県亘理郡山元町周辺

の坂元地区に新潟から伝えられたという「坂元おけさ」の唄と踊りが伝承されていることを知ることとなった。

これは越後の「毒消し売り」がこの地へ行商に来て伝えたものだといわれる。

「坂元おけさ保存会」の庄子喜代子さんに話を伺った。庄子さんの母親ふのさんは、宮城県の民謡調査で「坂元おけさ」の伝承者として取材を受け情報を残している。その中に越後の「毒消し売り」の話も含まれていた。

「毒消し売り」は、女性二、三人で毎年決まった時期にこの地へやって来て、民家に泊りながら薬を売り歩いていた。この「毒消し売り」が唄う「おけさ」を地元の人が習い覚えて広まり、「坂元おけさ」と呼んで宴席や祝いの席で演じられるようになった。「毒消し売り」の中には越後に帰らず、この地に住みついた人もいたという。

坂元おけさ

おけさヤイ　おけさ見るとて
よしで目をつついた（トサノサッサ）
よしはヤイ　よしは生よし
コリャ　目に毒よ（トサノサッサ）

ここで少々、越後の「毒消し売り」について話を取り上げてみたい。

新潟県旧西蒲原郡（現在は新潟市西浦区）に連なる山並みを越えて、日本海側へと向かった。今は荒涼とした風景が続くだけの海沿いの土地であるが、かつてここには戸数百軒ほどの角海浜という村があった。

昔は北前船も立ち寄ったといわれるが、明治の頃には既に港の賑わいもなく、細々と漁船が出入りするだけの浜となっていた。

昭和四四年に原子力発電所の建設計画が立てられて廃村となり、現在は東北電力の所有地となっている。遠くに角田山を望むだけで、家は一軒もない。

五ケ峠を戻って、巻の郷土資料館で「毒消し売り」に関する展示資料を閲覧した。

以下の記載は、それらの資料の他に、巻町双書『越後の毒消し』、越後谷書房『越後の毒消し』などを参考に綴っている。


角海浜では村の高台にあった称名寺で、檀家に配るために作られていた毒消し薬が、後に売薬化し行商で売り歩くようになった。江戸後期までは男性が売り歩いていたが、明治に入って女性の行商が自由になると、男は大工仕事などに転じ、毒消し売りは女性の仕事となった。

村の娘たちは十三、四歳になると、みんな行商の旅に出た。行商先も遠方にまで及び、福島、宮城へも足を延ばすようになる。

毒消し売りは、みんな唄が上手かったという。冬の間に寺に集まって、製薬の仕事をしながら唄をうたったり、合間に踊りを楽しんだりしていた。

春になると親方に二、三人の弟子が付いて行商の旅に出る。三十人を超える毒消し売りの集団が、それぞれの持ち場に向かって旅立って行く。

角海峠を越えた所で三方に分かれ、北国街道で信州へ、三国峠を越えて関東へ、そして阿賀野川沿いに会津、福島、宮城を目指した毒消し売りの娘たちが街道を進んだ。

阿賀野川沿いを行く一行は、途中の津川で会津へ向かう売り子たちが別れ、その先福島を商う仲間たちとも別れると、残った数人が宮城まで足を伸ばした。

「毒消しゃいらんかね」と得意場の家々を行商して歩き、秋の祭り迄には角海浜に戻るのが慣例となっていた。

毒消し売りは、得意先の民家を常宿とした。土地の人たちも毎年やって来る娘たちと顔馴染みになり、常宿の家では娘たちの唄や踊りも披露された。

このようにして日本海側の「おけさ」が、太平洋側の坂元に伝わったということになる。


「坂元おけさ」には踊りも付いていた。しかし、その踊りの中に「石投げ」の所作は見られなかった。

毒消し売りの村では「石投げ」の踊りは行われていなかったのだろうか。

新潟県中越地方で「石投げ」が踊られているのは、主に内陸側の地域である。角海浜の「おけさ」は、内陸部の「はねおけさ」の類とは異なっていたようである。

「坂元おけさ」が越後から伝えられたように、山元町の「石投げ甚句」が毒

写真 26-1 「坂元おけさ」

写真 26-2 「坂元おけさ」

消し売りを介して伝えられた可能性が無かったか期待して調べてみたのだが、裏付ける情報は得られなかった。

毒消し売りの足跡を辿っている折、途中の津川で、富山の薬売りもよく来ていたという話を耳にした。そういえば宮城県南部でも置き薬の行商人の話は聞いたことがある。

新潟県の「石投げ甚句」が、遠路宮城の地へ伝えられた背景には、何らかの人の動きがあったに違いない……。

話を戻すが、『山元町誌』には、「笠浜甚句」と並んで「石投げ甚句」の歌詞も記載されている。

渡部義正氏の話では、節の一ヶ所を「石投げ甚句」の方が高く唄い、「笠浜甚句」ではその部分を低く唄うという。

写真 27-1　宮城県山元町「笠浜甚句」

写真 27-2　宮城県山元町「笠浜甚句」

そんな話を色々と教えてくれた渡部氏も今はなく、「石投げ甚句」は山元町の小、中学校の生徒たちによって伝承され、町の文化祭などで演じられている。

二、富山県芦峅寺《あしくら》の「石投げ甚句」

新潟県小千谷市で資料を検索している折、『小千谷市史』の中に次のような記載が見られた。富山の薬売りの話である。

越中富山の者とは限らず、薬の置売りをすべてそう呼んだようである。……この地方一帯を手広く商っていた売薬商は片貝の越前屋三省堂で、「片貝のトヤマ」と呼ばれたこともある。

このことがきっかけで、富山方面に目を向けてみると、立山町芦峅寺に「石投げ甚句」の伝承が見られることが分かった。

富山県中新川郡立山町芦峅寺、ここは立山信仰の玄関口に当たり、宿坊組織があった所である。

ＪＲ富山駅から富山地方鉄道（立山線）に乗り千垣駅に向かった。ここから立山側にしばらく進んで、雄山神社近くにある芦峅公民館を訪ねた。ここで公民館の安川先生に「石投げ甚句」に関する話を伺った。

教えて頂いた内容を記載する。

芦峅寺では「石投げ甚句」のことを普段は、単に「甚句」と呼んでいる。正しくは「立山石投げ甚句」というらしい。

この甚句が芦峅寺に齎《もたら》されたことに関する記録は特に無いが、閻魔《えんま》堂の前で彼岸の中日に老人たちが唄い踊っていたといわれる。
かつて立山が女性禁制だった頃、布橋灌頂《かんじょう》という儀式があって、女性の信仰者は秋の彼岸に閻魔堂で身を清め、僧侶に導かれて布橋を渡り、姥堂へ入って読経をしたという。

閻魔堂は公民館から少し立山方面へ行った所にあり、木立に囲まれて神聖な感じを受ける佇まいであった。安川先生の案内で「石投げ甚句」が行われるというお堂の前庭を訪ねた。

「石投げ甚句」は、この閻魔堂の前で彼岸に演じられる他、八月の盆踊りや九月の運動

写真28　芦峅寺の閻魔堂

会でも演じられているとのことであった。

立山町でも「石投げ甚句」が盆踊りで踊られるのは芦峅寺だけだそうだ。踊りは輪踊りで行われ、左回りに進行する。

立山石投げ甚句

甚句踊るなら　板の間で踊れ
（アョイヤサー）
板の響きで　ホンニャ　三味ゃいらぬ
（アリャサー　アリャサー）
山よ立山　吹雪に暮れて
暮れて明かそうや　ホンニャ　室堂小屋

写真 29-1　芦峅寺の「石投げ甚句」　石を拾う所作

写真 29-2　芦峅寺の「石投げ甚句」　石を投げる所作

最初の歌詞を見ると、「おけさ」でよく唄われている文句である。こうした点でも越後の芸能がこの地に入ってきた様子は窺える。以前は、この唄に三味線と胡弓の伴奏が付いていたということだが、今では唄と掛け声だけになっている。

踊りに関しては、安川先生から同地域に住む佐伯ミワさんと佐伯サキさんに声を掛けて頂き、公民館で踊って貰えることとなった。

「立山石投げ甚句」の踊りは、基本的には新潟県の「甚句型」に相当するものと思われるが、ここでは腰を下ろさずに立ったままの姿勢で踊られている。立ったままで石を投げるといっても、「おけさ型」の踊りではなく、両手を振って石を投げる「甚句型」の所作を、立ったままで踊る形をしている。

そして新潟県で見られる「石投げ甚句」のように、勢いよく石を投げる動作でなく、滑らかに手を振って踊るのが特徴である。

芦峅寺では閻魔堂の前庭、つまり野外でこの踊りが行われてきたために、腰を下ろさず立ったままの姿勢で踊る形に変化したのではないかと思われる。

ここで富山県文化振興財団が発行する『富山の売薬文化と薬種商』をもとに、富山の薬売りに関する内容を取り上げておく。

立山信仰の関係で、芦峅寺から御師《おし》と呼ばれる人たちが、参詣者を案内するため、お札と薬を持って全国を回って歩いた。これが富山の薬売りの行商へと繋がっていったといわれる。

売薬人たちは地方を行商する時に、得意先で祝い事などがあると寄って顔を出し、土地の人たちと親睦を深めていった。そうして宴席で芸のひとつも披露することとなり、売薬人はみな芸達者だったといわれる。

こうした売薬人たちが「石投げ甚句」の伝播に関わっていたかどうか、関連する情報は乏しいが興味を抱く部分である。

三、「石投げ甚句」伝播に関する考察

新潟県の小千谷市や十日町市を中心に演じられてきた「石投げ甚句」は、関東地方北部にも伝えられた形跡がある。

群馬県の『渋川市誌』には……、大正三年頃から盆踊りで「石投げ甚句」が唄われていたという記載が見られる。これは同名の唄がうたわれたことを示していると見られ、踊りについては、「甚句型」ではなく「おけさ型」の「石投げ」

であったように思われる。

途中で腰を下ろす「甚句型」の踊りは、神楽の舞台で演じられても、盆踊りなど屋外で踊るには相応しくなかった。従って唄と踊りとが伴った形で、新潟から他に伝わった例はそれほど多くなかったと思われる。


そんな中で、この章で取り上げた宮城県、富山県での伝承は珍しい存在と言える。


特に宮城県山元町の「石投げ甚句」は、小千谷市の踊りとよく似ていた。

新潟県中越地方では、「新保広大寺節」の踊りにも見られるように、歯切れの良い動作で踊られる。この特徴的な身のこなしは、例えればお国訛りと同じように、その地域に独特の雰囲気を持っている。

宮城県山元町の「石投げ甚句」では、こうした歯切れ良く踊る特徴も感じられることに驚くばかりである。

これほど雰囲気までが伝えられている事を考えると、これは見よう見まねで覚えたものではないように思われる。

伝えた側も熟知した人であったろうし、時間をかけて丹念に教えた様子が伺える。また、大勢の人が関わって伝えた場合、どこか雰囲気が変わってしまう可能性もあるので、ある特定の人物が教え伝えたのではないかとも考えられる。

それに対して、富山県芦峅寺の「石投げ甚句」は、閻魔堂の前庭、つまり野外で踊られてきたこともあって、腰を下ろさず立ったままの姿勢で踊る形に変化していた。

また女性たちによって踊られたことから、歯切れの良い踊りではなく、滑らかな手の動きで踊られている。

教えた人もしくは覚えた人の感覚で変化した感じや、閻魔堂での踊りに相応しく更に見直された経緯があったようにも思える。

「石投げ甚句」は、今回取り上げた地域以外にも伝えられた事例があったかも知れず、さらに調査を要するところである。

おわりに

新潟県中越地方、関東各地、宮城県、富山県と「石投げ」の踊りを見てきたが、何処の伝承地においても演じる人たちの目立たぬ努力があってこそ、活動が継続できていると感じている。

保存会があって活動している場合もあれば、唄は民謡会の人たちを中心にして、踊りは婦人部の人たちによって活動をしているケースもある。

また新潟県の神楽の伝承では、神楽連が一つになって舞台の演目を継承している。近年は年配の人が増えてきているといいながらも、歳を感じさせない矍鑠とした芸を演じ続けている。

神楽舞台の裏で背中を丸めて話しをしていた老人が、出番が来てお囃子が始まると、途端にスイッチが入ったかのように、背筋が伸び凛とした格好で踊り始めたのには驚いた。長いこと身に付けた技というのは、凄いものだと思う。

小千谷市で取材をしていた時の遣り取りを少々紹介しておきたい。

舞台を終えた演者に声を掛けると、

「いやあ石投げは、結構大変な動きなんですよ。手を振ったり腰を下ろしたりと、いい運動です。ラジオ体操よりキツいんじゃないかな」

と笑いながら応えてくれた。

そして、こんな話も聞かれた。

「自分では揃ってるつもりでも、ビデオで撮ったものを見ると、手を上げる角度や身体の動きなど、わずかに人と違ってるのに気付くんですよ。踊ってる時は意外と分からないもんで……」

「そうですか」

「ビデオってのは正直でね。気分良く踊ってる時と、仕方なく踊っている時と、見て分かるんです。ビデオには心まで映ってしまう」

「はあ……」

そんな努力をして練習に励んでいるからこそ、いい演技が出来るのだろう。

「でも、もうみんな歳いってるから、若い人にも入って貰いたいんだけどね」

と、話題は後継者問題へと移っていった。

「最近は、小学校や中学校の生徒に教えてるんだけれど、子供たちはリズム感がいいいね」

「確かに、そうですね」

「昔はその土地の唄や踊りは、各家で年寄りが孫に教えたりしたもんだが、今では家庭でそういう事をしなくなったから、年寄りが学校に行って子供たちに教えてる訳さ」

「時代の流れなんですかね」

「でも、子供たちにとっては、家の人以外から物を教わるって事は、いい社会勉強になってるらしいよ」

「そういうことですか」

「年寄りたちにとっても張り合いがあって、お互いにいいんじゃやねえのかな、ハハハ」

こんな会話が続いた。踊り手たちの明るい笑顔が、何より芸の源《みなもと》となっているように思えたひと時である。

これはまた別の活動グループでの話になるが、唄い手の側からこんな囁きが聞こえた。

「唄う側としては、正直言って、あまり派手に踊りを入れてほしくない気持ちはあります。苦労して覚えた節回しを聞いて貰いたいと思っていても、踊りが入ると皆そっちに目が行ってしまって、ちょっと残念に思うことがあります」

それは確かに分かる気がする。

一方、踊り手の側からは……、とにかく踊りやすい唄い方をして貰った方がいいと囁かれたりして、色々隠れたご苦労があることを考えさせられた。

郷土の文化が頑《かたく》なにその地域の中で守られているケースもあれば、様々な人の交流によって地域を越えて伝えられているものもある。

他の地域から婿入りしてきた人が、出身地の郷土芸能を親睦の場で披露したことから、その地へ伝承が伝わったという話や、それに類する話を幾つか耳にすることがあった。たった一人の行動によっても、他の地域へ文化が伝わっていく実態に意外性と驚きを感じる。

最近の郷土芸能の伝承では、後継者不足に加えて、大規模災害や感染症の問題などで活動が休止したり、途絶えてしまったものもある。一段落して活動を再開した地域については、今後も末永く継承されることを願うばかりである。

関東では「日光和楽踊り」や足尾の盆踊り、そして「八木節」など、まだ現役で行われている芸能が数々見られる。郷土芸能が日常の生活の場において、自然な形で存続しているということは大きな意義があると思っている。

最後に……、色々な地域で「石投げ」という踊りを見てきたが、多くの人たちに協力を頂いて取材を行うことができたことは、感謝に堪えない気持ちである。

「石投げ」という踊りを、田畑の石を拾って投げるという意味で踊っている地域もあれば、鉱山で不要な石を取り除く動作として踊られている地域もある。これはその土地の文化を踏まえた解釈で親しまれてきたものなので、それぞれにその雰囲気を大事にしていって頂きたいと思う。

そしてどこかで、この踊りの由来や伝承地など必要とされる時があった場合には、本編の内容を参考にして頂ければ幸いである。

令和六年六月

著者

主な参考文献

・『妻有の民俗芸能』十日町市教育委員会 郷土資料調査研究会
・『新潟県の民俗芸能』新潟県教育委員会
・小千谷市ライオンズクラブ会報 No.３８１ 平成12年
・『上州の民謡とわらべ唄』酒井正保著 煥乎堂
・上毛新聞 平成七年連載「上州の民謡を訪ねて」酒井正保解説
・『群馬県郷土民謡集』上毛新聞社
・『畠山重忠辞典』深谷市教育委員会
・『足尾のうた』足尾町教育委員会 昭和53年
・足尾鉱業所 社内報『足尾ニュース』No.38 昭和31年
・『精銅所五十年』古河電気工業（株）日光電氣精銅所
・「宮城県民謡調査票」笠浜甚句、坂元おけさ 昭和56年
・『越後の毒消し』越後谷書房
・小村 弌著『越後の毒消し』（巻町双書、第8集）
・『富山の売薬文化と薬種商』富山県文化振興財団
・『小千谷市史』（本編上巻）
・『川西町史』（通史編、下巻）
・『広神村史』（下巻）
・『高崎市史』（民俗編）
・『沼田市史』（民俗編）
・『渋川市誌』（第４巻 民俗編）
・『富士見村誌』
・『万場町誌』
・『山元町誌』
・『巻町史』（通史編、下巻）

［著　者］　茂《も》木《てぎ》真《まさ》弘《ひろ》

［略　歴］　昭和27年　栃木県佐野市に生まれる
足利工業大学卒業
いすゞ自動車株式会社に勤務後、
RSTトレーナー、安全管理者選任時研修講師
民謡を中心に郷土芸能の歴史を調査研究

［著　書］　『どじょうすくいと金山踊り』（随想舎）
『しもつけ盆踊り考』（随想舎）
『カッタカタの唄』晋平、雨情の「須坂小唄」物語（随想舎）
『大直利』鉱山の唄と踊り「金山踊り」抄（随想舎）　など

石投げ踊り考

2024年7月23日　第1刷発行

［著　者］　茂 木 真 弘

［発　行］　有限会社　随 想 舎

〒320-0033 栃木県宇都宮市本町10-3 TSビル
TEL 028-616-6605　FAX 028-616-6607

振替　00360-0-36984
URL　https://www.zuisousha.co.jp/
E-Mail　info@zuisousha.co.jp

［装　丁］　塚原 英雄

［印　刷］　晃南印刷株式会社

定価はカバーに表示してあります／乱丁・落丁はお取りかえいたします

ISBN978-4-88748-434-4